*Alberto Patrucchi*

# DIETE
## ISTRUZIONI PER NON ADDETTI

ISBN 978-1-4092-7792-7
@ 2009 Alberto Patrucchi
Tutti i diritti riservati.
Stampato da Lulu Press® nel Regno Unito in Aprile 2009

Avvertenza:

Questo libro, frutto di numerosi anni di ricerche e sperimentazioni, non intende sostituirsi al parere medico o allo specialista di fiducia.

L'autore consiglia, come elementare regola di prudenza, di effettuare tutta una serie di esami clinici, sull'effettivo stato di salute generale ed in particolare quello cardiaco, prima di intraprendere qualsiasi programma di alimentazione, di allenamento o di integrazione.

Chi sta assumendo farmaci, regolarmente prescritti, non modifichi il suo regime alimentare prima di aver consultato il medico che ha effettuato la prescrizione.

Qualora il lettore volesse utilizzare le indicazioni del libro dovrà consultarsi e lavorare sotto controllo di uno specialista.

# perché leggere questo libro?
## (premessa)

Se hai intenzione di seguire una dieta, se ne stai seguendo una o se l'hai seguita ed abbandonata perché non ha funzionato, allora questo libro fa per te.

Non importa se tu voglia seguire, stia seguendo o abbia seguito le diete Atkins, a zona del dr. Sears o la metabolica del dr. Di Pasquale, perché questo manuale di istruzioni è valido per tutte quante.

Ti sarà indispensabile: infatti contiene le risposte a quelle domande che ti porrai dopo aver iniziato il tuo programma alimentare, qualsiasi esso sia; risposte che difficilmente potrai trovare sui libri, perché spesso vengono sostituite da più preziose informazioni, quali le tabelle nutrizionali relative alla carne di tirannosauro o la storia della famiglia dell'autore dal 450 d.C. a oggi.

No, non sto parlando di nozioni scientifiche relative all'efficacia o meno di una dieta, ma di semplici informazioni per seguire meglio le indicazioni proposte.

Come si devono pesare gli alimenti? Come si devono cucinare? Si deve eliminare il sale dalle pietanze? Si possono accompagnare i pasti con del buon vino? Quanta acqua bere? Con che frequenza ci si può concedere una piccola "eccezione"?

Sono queste le domande che ti porrai dopo aver iniziato il tuo programma alimentare.

E non sapendo bene come procedere, è del tutto normale fare di testa propria, spesso commettendo gravi errori che pregiudicano l'efficacia di una dieta, nonostante l'impegno e la serietà nel seguirla.

Se hai acquistato questo libro non limitarti a leggerlo: memorizzalo. Successivamente, segui pure la tua dieta, iniziala o riprendila: funzionerà!

*svuota le vasche*

Prima di iniziare la tua dieta sarebbe necessario ti ponessi una domanda: cosa significa dimagrire o ingrassare?
È fondamentale, infatti, seguire le indicazioni proposte nel tuo programma, avendo ben presente quale sia il tuo obiettivo.

Se ti stai chiedendo perché non dovresti limitarti a seguire le istruzioni senza porti domande, ritengo tu abbia ragione; riponi il libro sulla mensola della libreria e non proseguire oltre nella lettura; solo, aggiungi un pro memoria, sulla tua agenda, che ti ricordi il titolo del libro qualora il tuo programma non dovesse funzionare o peggio, dovessi ritrovarti, tra qualche mese, con la stessa forma di oggi.

Se, diversamente, avessi deciso di continuare a leggerlo, trova una comoda poltrona ed iniziamo.

Immagina una vasca da bagno con tanto di rubinetto e scarico, riempita fino ad un certo livello, in grado di gonfiarsi quando riempita al limite e viceversa: hai appena visualizzato una cellula del grasso.

Ora immaginane migliaia intorno al tuo addome o ai tuoi glutei, che in una continua attività frenetica, si riempiono e si svuotano, gonfiandosi e sgonfiandosi.

Non tinozze dove l'acqua stagna per ore, giorni o mesi, ma vasche dove rubinetto e scarico sono costantemente aperti e dove l'acqua si ricambia in continuazione, variando di livello.

Ed infine, immagina di poterle svuotare lentamente fino al massimo possibile: hai appena immaginato di essere gras-

7

so e di dimagrire.

Dimagrire, infatti, significa aprire lo scarico e chiudere il rubinetto, al fine di abbassare il livello dell'acqua nelle vasche e non ridurne il numero, perché ciò invece dipende da fattori genetici ed ormonali che la dieta difficilmente può controllare.

Se quindi lo scopo della dieta è controllare il flusso di acqua nelle vasche, al fine di causarne lo svuotamento massimo possibile, chi né è responsabile?

Gli ormoni naturalmente.

Il termine "ormone" deriva dalla lingua greca e significa "mettere in movimento"; ciò suggerisce magnificamente il compito di questo gruppo di sostanze: dare istruzioni alla cellula su cosa fare o non fare.

Per quanto riguarda il motivo per cui gli ormoni forniscono queste istruzioni, potrei dirti che il tutto è direttamente legato al quantitativo di calorie che introduci nella dieta: mangiando meno di ciò che ti serve realmente, le vasche si svuoteranno, diventando più piccole e viceversa mangiando di più; ma così sarebbe troppo semplice, non credi?

Ti basterebbe mangiare di meno e io dovrei cercarmi un altro lavoro.

Pertanto, anche se il vincolo calorico di un qualsiasi programma alimentare risulta fondamentale per la sua buona riuscita, in termini di dimagrimento, la sua vera efficacia sta nella capacità di manipolare gli ormoni al fine di "addormentare" quelli che controllano il flusso di immissione e di "svegliare" quelli che controllano il deflusso.

Qualsiasi protocollo alimentare finalizzato al dimagrimento deve avere questo obiettivo.

# *butta la bilancia*

Si, hai capito bene. Va in bagno, prendi la bilancia sulla quale ti pesi ogni mattina e buttala nell'immondizia; hai appena guadagnato salute e serenità.

Smetti di misurare il tuo dimagrimento considerando unicamente le variazioni di peso indicate sulla bilancia, perché *"il primo gradino nella stesura di un valido programma di controllo del peso, è la conoscenza oggettiva della composizione corporea"* (Katch & Ardle - Exercise Physiology - Energy, nutrition and human performance).

Salire sulla bilancia ed esultare trionfante della perdita di due chilogrammi rispetto al giorno precedente è una baggianata: la bilancia ti aiuta a determinare la misura della perdita o dell'aumento di peso corporeo, ma non specifica *che cosa* si è perso o guadagnato.

Ti sarà semplice perciò comprendere quanto questo strumento sia inefficace per misurare il tuo dimagrimento, se consideri che le fluttuazioni di peso registrate nella stessa giornata, spesso molto consistenti, non sono in fondo legate alla perdita di grasso.

Ricorda sempre che il tuo organismo non è in grado di smaltire più di qualche ettogrammo di adipe a settimana, a prescindere dalla restrizione alimentare a cui ti sottoponi.

Stai pensando alla dieta del fagiolo tibetano con la quale tuo cugino ha perso 10 chilogrammi in un mese, vero? Lo sospettavo.

Se ti dicessi che è ingrassato?

Si, hai capito bene: il suo organismo, non avendo a dispo-

9

sizione l'energia necessaria per affrontare la giornata, con una sorta di cannibalismo, ha iniziato a consumare i muscoli, raggiungendo due obiettivi: quello di procurarsi il carburante per tutte le attività quotidiane e quello di ridurre la massa magra e con essa le necessità energetiche.

Avendo consumato per lo più muscoli e non adipe, tuo cugino sarà quindi più grasso e questo perché l'organismo preferisce liberarsi dei muscoli, piuttosto che del grasso, quando la dieta non apporta i nutrienti necessari; cosa non così drammatica se ignori che i muscoli non ritorneranno per magia e che il metabolismo rallenterà inesorabilmente.

Questo rappresenta il motivo per cui, dopo aver iniziato una dieta troppo restrittiva, molti osservano il peso scendere con rapidità, per poi constatare l'inesorabile stop dei risultati dopo qualche settimana: l'organismo si è adattato al ridotto introito calorico, riducendo a sua volta la massa muscolare, alla stregua di un motore intelligente in grado di ridurre la cilindrata in ragione del quantitativo di benzina disponibile nel serbatoio.

Considerato ciò, inizia a valutare da oggi il tuo stato di forma, affidandoti al buon senso o meglio a validi strumenti professionali per la valutazione della composizione corporea.

Io personalmente amo lo specchio come metodo di valutazione, che ritengo assai più efficace della bilancia, a patto di essere obiettivi nel giudizio.

Ma se desideri provare il gusto di toccare con mano i tuoi risultati, la soluzione potrebbe essere quella di provare di tanto in tanto un vecchio abito dismesso, ormai divenuto troppo stretto per essere indossato senza rassomigliare ad un sub con la muta stretta: sarà una piacevole sorpresa scoprire di arrivare ad indossarlo come se lo avessi acquistato qualche giorno prima.

Ma questo non è l'unico pratico metodo di valutazione, perché puoi sempre pizzicarti.

Si, hai capito bene: pizzicarti. È quello che alcuni preparatori sportivi americani suggeriscono: "pinch a inch", ovvero "pizzica un pollice"; in pratica dovresti correre ai ripari ed iniziare un programma di dimagrimento, qualora riuscissi a pizzicare, in un qualsiasi punto del tuo corpo, oltre un pollice (misura di lunghezza anglosassone pari a circa due centimetri e mezzo) di pelle, con il relativo grasso sottocutaneo.

Per tutti gli amanti dei numeri e della precisione, ci sono molti metodi di analisi corporea, alcuni molto precisi che richiedono l'impiego di costosi strumenti ed altri, ugualmente efficaci consultabili senza dover richiedere una fideiussione bancaria.

Uno di questi, sicuro ed efficace è la plicometria; una analisi corporea realizzata misurando lo spessore del grasso in vari distretti corporei, tramite un apposito calibro, ed elaborando, tramite un programma, i risultati rilevati.

Questa metodica possiede però un limite: la ripetibilità, per via della natura stessa della misurazione che implica una procedura di tipo manuale. Per questo motivo è fondamentale una notevole esperienza da parte del rilevatore, che sarà così in grado di ripetere le misurazioni con un margine di errore minimo.

Semplice, discreta, replicabile è l'impedenza bioelettrica, che sfruttando le proprietà conducenti del corpo umano è in grado, in pochi istanti, di effettuare un' analisi corporea elaborando il comportamento di un innocuo flusso di corrente infuso nel corpo, tramite apposite apparecchiature, attraverso speciali elettrodi.

Una cosa possibile perché l'organismo risponde come un circuito elettrico ogni qualvolta venga attraversato da corrente elettrica.

È un test semplice, non invasivo e privo di effetti collaterali, ma ha il suo limite nella serie di accorgimenti necessari per ottimizzare la misurazione: ad esempio la necessità di effettuare il test lontano da una sessione di allenamento e da un pasto.

Ti resta solo la scelta.

Ma qualsiasi strumento tu decida di utilizzare per misurare i tuoi risultati non devi dimenticare che lo scopo della tua dieta non è farti perdere peso, ma grasso.

*non incolpare la genetica*

Sostieni di avere il metabolismo lento? Ma rispetto a chi? Se è lecito fare la domanda.

Escludendo disfunzioni ormonali, vere e proprie patologie da curare in ambito clinico, a parità di condizioni, le variazioni metaboliche tra un individuo ed un altro sono del tutto trascurabili.

Pertanto se affermi di avere il metabolismo più lento rispetto ad una persona più giovane o che pratica con regolarità un'attività sportiva, la tua affermazione rimane corretta, ma totalmente inutile, perché l'essere a conoscenza di avere il metabolismo più lento di quello di un triatleta olimpionico non serve a spiegare il perché dell'essere fuori forma.

Il consumo energetico giornaliero è principalmente determinato dalla massa muscolare e dalla attività svolta; quindi l'espressione corretta è: "ho pochi muscoli rispetto al mio peso ed alla mia età e li muovo poco" e non "ho il metabolismo lento"; il tuo DNA non è l'unico responsabile di quei chiletti di troppo, pochi o tanti essi siano.

Certo, non è senza macchia, perché le sue colpe le ha: le adiposità localizzate e la cellulite, ad esempio; anche se diversi sono i fattori, non legati a tare genetiche, che concorrono nella formazione di questi inestetismi.

Per quanto riguarda le adiposità localizzate, quei punti dove il grasso si accumula con più facilità, come ad esempio sui fianchi e sui glutei nelle donne e sull'addome nell'uomo, il problema, anche se ostinato, è risolvibile, con il giusto impegno e la dovuta perseveranza, nonostante la genetica sia contro.

Così è anche per la cellulite; essa infatti risulta intimamente legata alle adiposità localizzate, in quanto rappresenta *"una condizione alterata dello strato sottocutaneo che è ricco di cellule adipose. ...ed è caratterizzata da ipertrofia delle cellule adipose, dove, negli spazi intercellulari si accumulano liquidi (residui di processi biochimici dell'organismo) in eccesso"* (fonte Wikipedia).

Questa definizione semplice e chiara illustra come la cellulite si formi ad iniziare dalle cellule del grasso, che aumentando di volume (ricordati della vasca da bagno) comprimono gli spazi intercellulari, dove scorrono i liquidi che trasportano le scorie dei processi metabolici.

Una condizione risolvibile con la pazienza ed il corretto approccio, senza ricorrere ad interventi mirati al drenaggio, ma iniziando un programma alimentare finalizzato al dimagrimento, condizione necessaria affinché il problema non si ripresenti dopo poco tempo.

Per concludere potresti: continuare a dare la colpa alla genetica, oppure iniziare fin da subito col migliorare il tuo stile di vita, seguendo un programma alimentare con la giusta attenzione, vivendo in modo più sano e se proprio ti vuoi bene iniziando col fare un po' di attività fisica.

14

*segui la dieta seriamente*

Quante volte non rispetti la dieta? Quante sono le "eccezioni" che ti concedi ogni giorno?

Solo un mezzo bicchiere di vino, dirai, un cioccolatino o una caramella, o una modesta spolverata di grana sulla pasta, vero?

Ma se credi si tratti di evasioni non sufficienti a compromettere i risultati desiderati, purtroppo per te stai commettendo un grave errore di valutazione: queste eccezioni sono in grado di pregiudicare l'esito della tua dieta, sia apportando un quantitativo eccessivo di calorie, commisurato a quello del tuo programma alimentare, sia alterando il bilanciamento dei nutrienti, fondamentale ad esempio per chi segue la dieta a zona.

Ad esempio, 25 grammi di grana grattugiato, apportano quasi 100 Kcal e rappresentano la spesa energetica necessaria ad un soggetto di 55 chilogrammi per correre circa due chilometri ad andatura sostenuta.

Questi errori, spesso considerati innocui, sono dunque il reale motivo del fallimento della dieta per molte persone, che, a torto, incolpano la dieta stessa di non funzionare.

E non sono solo da considerare come tali le ghiottonerie concesse, ma anche il mancato rispetto delle porzioni indicate: se al posto di limitarti ad una porzione di 70 grammi di un alimento, eccedi fino a 100 grammi, la differenza c'è e non è trascurabile.

Se dopotutto pensi di non voler affrontare qualche sacrificio nelle prime settimane, almeno fino al momento in cui i primi risultati diverranno tangibili, ti do un consiglio: non iniziare la dieta, riponila in un cassetto in previsione di tempi più propositivi; non portando ai risultati desiderati, quella dieta sarà destinata ad essere abbandonata molto prima di quanto tu preveda.

Su con la vita! Hai comprato il mio libro, la tua vita migliorerà.

Bene, ecco la soluzione: al posto di piccole evasioni senza senso, rispetta le indicazioni della dieta per quanto ti è possibile, almeno per 2 o 3 settimane e quando decidi di concederti una evasione, fallo con serenità e alla grande: con una bella pizza e una birra, ad esempio.

Questa sporadica evasione dalla dieta non sarà sufficiente a comprometterla, proprio perché apporterà poche calorie in proporzione ai continui extra giornalieri e non modificherà neppure il bilanciamento dei nutrienti, proprio perché avviene così poco di frequente.

Inoltre, avrai un obiettivo da raggiungere utile per motivare qualche sacrificio in più durante le settimane a regime.

Ma attenzione: questo non è il via libera per indire tre giorni di baccanali ogni 2 settimane; mi raccomando: *"adelante..., cum iudicio"* (I promessi sposi - Alessandro Manzoni).

Rispettare le porzioni proposte, non concedersi extra ogni giorno, non sono le uniche regole da rispettare: fondamentale risulta anche non saltare i pasti previsti, perché ogni qualvolta completi un pasto, piccolo o grande che sia, l'organismo avrà necessità di una grande quantità di calorie per digerire, assorbire trasportare e metabolizzare gli alimenti ingeriti; questi processi costano mediamente il 10% delle calorie totali introdotte con l'alimentazione.

Per una dieta da 1300 kcal, la richiesta energetica necessaria per i vari processi alimentari, che gli esperti chiamano *termogenesi indotta dalla dieta* o *azione dinamico specifica degli alimenti*, è mediamente di 130 kcal, un quantitativo davvero importante.

Non pensare però agli alimenti come se fossero tutti uguali, perché l'azione dinamico specifica di un alimento, cioè l'energia necessaria al suo metabolismo, varia sostanzialmente in base al tipo e alla quantità di macronutrienti (carboidrati, grassi e proteine) di cui è composto; per fare un esempio, i cibi ricchi di proteine possiedono un' azione dinamico specifica di gran lunga superiore rispetto a quelli ricchi di grassi.

Risulta però importantissimo tenere presente che se una parte dell'energia spesa per l'assorbimento ed il metabolismo dipende dal quantitativo e dalla natura degli alimenti, un altra parte è legata ai processi alimentari in quanto tali: ad ogni pasto, infatti, si innesta un meccanismo che costa energia e che ti permetterà di consumare calorie.

Suddividendo la stessa quantità di cibo in più pasti, questa avrà il medesimo apporto nutrizionale, come è ovvio che sia, ma ti permetterà di consumare più calorie, oltre evitare che l'eccesso calorico di un unico pasto sostanzioso, venga facilmente trasformato in grasso.

Segui quindi la tua dieta senza saltare i pasti, rispettando le indicazioni ed evitando di concederti continue "eccezioni": il risultato arriverà.

## *dieta si, ma per quanto?*

A meno che tu non sia già in super forma e il tuo obiettivo quello di "limare" quei due chiletti di troppo, non spendere i tuoi soldi, il tuo tempo e soprattutto le tue fatiche per seguire una dieta per un mese o poco più.

Se hai fretta perché ti devi infilare quel costumino acquistato da poco, ok, inizia il tuo programma per qualche settimana e parti serenamente per le tue vacanze; riprendi la dieta al tuo rientro: l'anno prossimo il tuo costume non ti starà solo un po' meglio di oggi, ti vestirà alla perfezione.

Il motivo per cui sia praticamente inutile seguire un programma alimentare per poche settimane è da ricercare indietro nel tempo, molto indietro.

L'uomo primitivo è sopravvissuto grazie anche alla capacità di accumulare scorte energetiche sotto forma di grasso, in grado di metterlo nella condizione di affrontare momenti di carestia; una capacità rimasta sostanzialmente inalterata, che ti aiuta a comprendere come l'organismo mal si voglia liberare dal grasso in quanto strumento indispensabile per la sopravvivenza stessa.

Così quando inizi una dieta il tuo organismo inizierà a difendersi, cercando di limitare sempre più il dimagrimento, e cosa ancor più grave, di rimettere a posto il maltolto quando se ne presenterà l'occasione.

Interrompere il processo di dimagrimento dopo uno o pochi mesi metterà quindi in condizione il tuo organismo di fare il suo dovere: adoperarsi per ripristinare la sua compromessa riserva energetica: il grasso.

Questo meccanismo, spiegato dalla capacità dell'organismo di mantenere l'equilibrio interno attraverso processi di regolazione e controregolazione, è il motivo per cui molte persone si trovano più grasse di prima dopo aver abbandonato una dieta seguita per troppo poco tempo.

Raggiungere una percentuale di grasso corporeo e mantenerla per un periodo sufficiente perché l'organismo vi si adatti, sarà dunque il segreto per raggiungere la forma desiderata e per mantenerla; perché ciò avvenga ti saranno necessari diversi mesi di sacrifici, soprattutto se quei chiletti di troppo di cui vuoi liberarti sono lì da molto tempo e in modo particolare se non sono proprio pochi.

Un monito: non farti ammaliare dalle promesse di veloci e duraturi risultati dei venditori di magrezza, perché - a meno che tu non stia parlando con un signore dalla folta barba, vestito di bianco e immerso in una luce accecante - il tuo interlocutore non è in grado di sovvertire le leggi della natura.

Pertanto non fidarti di chi promette risultati fantascientifici, millantando la scoperta del secolo o di avere a disposizione il prodotto segreto che la NASA ha tenuto nascosto per anni, perché se desideri veramente raggiungere un risultato che ti soddisfi, dovrai davvero impegnarti a fondo e non per poco tempo.

Se sei scettico al riguardo, verifica, ti sarà semplice: millantatori a parte, ti sarà quasi impossibile trovare qualcuno che abbia ottenuto risultati duraturi seguendo una dieta per un mese o poco di più; dovessi trovarlo, svelami il suo segreto: diventeremo ricchi.

Post scriptum: ho detto concreti e duraturi!

Un'ultima doverosa precisazione: per dieta non si intende un espediente per dimagrire di qualche chilo, da sfruttare a tempo determinato, ma un vero e proprio stile di vita da sposare. La stessa etimologia della parola è esaustiva: "dieta" deriva dalla lingua greca e significa "modo di vivere"; pertanto la dieta del minestrone, la dieta della lenticchia rossa del Madagascar, la dieta dello broccolo albino e chi ne ha più ne metta, per quanto mi riguarda, non sono diete, perché al di là della discutibile efficacia, non possono rappresentare un modello alimentare percorribile per tempi lunghi.

*organizzati*

Questa è la parola d'ordine necessaria per aprire la porta ai risultati: un programma alimentare vincente inizia da una buona spesa, cioè dal saper pianificare ciò di cui si necessita, perché nulla manchi quando serve.

Il primo passo per una buona spesa inizia preparando la classica lista: interrogando il programma e pianificando i pasti della settimana, passando in rassegna giorno per giorno e spuntando gli alimenti che servono e le porzioni da preparare; una strategia utile per evitare di farsi mancare l'alimento necessario e per ottimizzare gli acquisti, optando per i formati e le confezioni più strategiche.

Dopo aver fatto la spesa, risulta cruciale la preparazione dei pasti e l'utilizzo di contenitori in plastica per la conservazione delle varie pietanze nelle porzioni corrette ti renderà la vita più semplice, evitando inutili sprechi.

La scelta delle materie prime non riguarda unicamente il raggiungimento del risultato desiderato, ma anche un aspetto fondamentale di tutte le diete: la salvaguardia della salute.

Scegli sempre con attenzione gli alimenti, leggendo con cura le etichette, strumento indispensabile per guidarti verso un acquisto sicuro e sano.

Non farti imbrogliare dai tanti inganni commerciali sottesi dai produttori, come per esempio la scritta "senza zucchero" in prodotti dove tra gli ingredienti ci sono sostanze del tutto simili, come lo sciroppo di glucosio, ma controlla con attenzione e confronta più prodotti prima di recarti alla cassa.

Ricorda che per legge l'etichetta deve riportare diverse specifiche come l'elenco ed il quantitativo degli ingredienti, i termini di scadenza, le modalità di conservazione ed utilizzo del prodotto; quindi consultala con la dovuta attenzione.

Per consumare un prodotto di qualità, ti consiglio infine, non solo di curarne l'acquisto, ma di rispettare la scadenza e le indicazioni relative al metodo di conservazione con scrupolosa attenzione.

Non pensare che quanto detto in questo capitolo sia un'inutile banalità, perché non è così. Sono certo che la metà degli insuccessi a cui ho assistito nella mia carriera siano dovuti alla scarsa organizzazione e alla poca voglia di curare il momento della spesa.

Non a caso, tutti i grandi atleti che ho avuto la fortuna di conoscere avevano un'incredibile fermezza ed una donna che faceva la spesa e cucinava per loro.

*pesa gli alimenti*

Si, gli alimenti vanno pesati; perché, sembrerà una scempiaggine, ma soprattutto quando si inizia un nuovo programma alimentare pesare correttamente gli alimenti è il segreto numero uno per far funzionare la dieta.

Ora prendi un punteruolo affilato ed incidi sul tavolo della cucina: il peso degli alimenti si intende a crudo e al netto degli scarti, salvo diverse indicazioni.

Il cibo quindi va pesato dopo averlo privato degli scarti di cui è provvisto e prima di averlo cucinato: alcuni alimenti infatti tendono ad assorbire l'acqua della cottura, altri a cederla, modificando così la loro densità e di conseguenza l'apporto nutrizionale rispetto alla quantità.

La pesatura non dovrebbe rappresentare un grosso problema quando si tratta di misurazioni nell'ordine delle decine di grammi, sia che si tratti di solidi che di liquidi, ma quando si tratta di piccole quantità la cosa si complica, soprattutto se si tratta di alimenti da misurare con attenzione o la cui pesatura potrebbe essere davvero difficoltosa o addirittura scomoda; un esempio: olio e marmellata.

Procedi così: scegli un pratico strumento da cucina, un cucchiaio grosso ad esempio, ed effettua la pesatura di 10 cucchiai di un alimento e procedi dividendo per 10, il risultato finale, per calcolare il peso medio di un solo cucchiaio. Semplice no?

È un metodo davvero efficace per approssimare la capienza in grammi di oggetti da cucina di facile reperibilità: veri e propri strumenti per la pesatura, al posto della bilancia.

La necessità di eseguire questa operazione, non limitandoti alla pesatura di un solo cucchiaio è elementare: misurare, senza errori, piccole quantità è quasi impossibile con le normali bilance la cui unità di misura è limitata a 10 grammi o al massimo 5.

Attenzione: l'operazione va fatta per ogni alimento: se il tuo cucchiaio da tavola contiene 5 grammi di olio d'oliva, non vuol dire che contiene anche 5 grammi di zucchero o 5 grammi di miele: ogni alimento ha un suo peso specifico, ricorda.

Un'altra difficoltà si incontra nella pesatura di alimenti provvisti di abbondanti scarti, come ad esempio la frutta secca o la frutta con la buccia.

In questo caso ci vuole più astuzia che mestiere, perché il metodo, a parte quello ovvio di pesare l'alimento privato dagli scarti, è quello di pesare prima l'alimento con lo scarto e poi lo scarto da solo; una tecnica utile per imparare a valutare il peso della parte commestibile senza dover privare l'alimento dell'avanzo in anticipo; astuzia davvero utile quando ti troverai a dover preparare i tuoi spuntini per portarli sul lavoro.

Così facendo ti sarà semplice seguire le indicazioni proposte senza dover pesare ogni volta la parte edibile, evitando inoltre il fastidio di dover portare in tasca una banana, privata della buccia, per tutta la mattinata.

L'uomo è un animale sociale: un problema se devi seguire una dieta, perché pesare gli alimenti quando si deve cucinare anche per altri commensali complica le cose.

Anche in questo caso è necessario ricorrere alla pratica: cucina per i primi giorni gli alimenti separatamente rispetto le pietanze degli altri convitati e pesali dopo la cottura; imparerai con semplicità come il peso di un alimento varia e sarà semplice prelevare la quantità di cibo necessaria, pesandolo una volta cucinato.

Il problema di difficile soluzione in ambito di pesatura rimane per tutti coloro che mangiano fuori casa. In questi casi ci si può solo affidare all'esperienza acquisita con la bilancia e valutare con approssimazione il peso dell'alimento nel piatto a occhio regolandosi di conseguenza; certo il rischio di commettere errori è alto, ma a mali estremi, estremi rimedi.

Un consiglio: per quanto possibile prepara i pasti con anticipo a casa: oltre ad evitare i cosiddetti cibi spazzatura, potrai controllare la tua alimentazione, non commettendo continui errori, spesso dettati dalla pigrizia nell'organizzarsi.

Come hai letto, la pesatura rappresenta uno scomodo problema solo all'inizio della dieta, perché acquisendo la giusta pratica dopo poche settimane tutto diventerà davvero semplice.

*cucina dietetico*

Se vuoi davvero far funzionare la tua dieta devi scegliere con attenzione il metodo di cottura.

Potrei ora esibirmi presentandone decine, ma non ho nessuna intenzione di annoiarti a morte e ho scelto di fare una selezione tra quelli più indicati perché si adattano ad ogni tipo di dieta, rispettano le proprietà nutrizionali degli alimenti e sono semplici da applicare per tutti coloro che non sono provetti chef, proprio come me.

Un grande classico è la cottura alla fiamma con padelle antiaderenti o su piastre in metallo o pietra: rapida, comoda e consente di preparare cibi gustosi senza troppe complicazioni perché è sufficiente adagiare, senza alcun condimento, l'alimento su una padella preriscaldata e seguire la cottura senza particolari precauzioni, se non quella di salare la carne rossa a cottura ultimata, per evitare diventi una suola di ciabatta.

Poco impiegata in Italia, ma da rivalutare, è la cottura a vapore: è pratica e possiede l'indiscusso vantaggio di preservare gusto e proprietà nutrizionali dei cibi.

È semplice ed è alla portata di tutti: è infatti sufficiente appoggiare i cibi su una griglia forata, reperibile in commercio, sopra la superficie di un liquido in ebollizione, all'interno di una pentola coperta, ed il gioco è fatto; i tempi di cottura sono quelli della bollitura, ma al contrario di questa i cibi non perdono molti dei loro nutrienti.

Un trucchetto? Insaporire l'acqua di cottura con verdure e spezie in grado di assicurare gusto ed aroma al cibo così preparato.

Quando proprio il tempo scarseggia, il microonde è la soluzione che fa per te, permettendoti una cottura rapida, a prova di inetto e senza controindicazioni, a patto di rispettare i tempi di cottura e la potenza da impiegare nella preparazione delle varie pietanze; specifiche indicate in molti libri di cucina o più semplicemente sul libretto di uso e manutenzione dell'elettrodomestico.

Un appunto per tutti coloro che sono ancora convinti faccia male: le microonde sono prodotte da un tubo ad elettroni e rimbalzando, all'interno del forno, vengono assorbite dal cibo mettendo in vibrazione le molecole d'acqua producendo calore; poiché l'energia viene trasformata, il cibo cucinato, rimane sano ed incontaminato.

La cottura con forno tradizionale è quella che paga di più in termini di sapore, coniugando la possibilità di preparare gustosi manicaretti a quella di farlo senza troppi condimenti.

Possiede un' unica controindicazione, se così la si può chiamare: necessità di un po' di cura e soprattutto di tempo, cosa assai poco disponibile al giorno d'oggi.

Ora, ho bisogno della tua attenzione: prerogativa della cucina dietetica è quella di una cottura senza intingoli e condimenti in grado di modificare l'apporto nutrizionale di un cibo; non aggiungere alimenti agli alimenti per dare sapore, non è solo un scelta, ma un obbligo.

Seguire una dieta però non significa costringersi a mangiare pollo ai ferri scondito e lattuga con 3 gocce di limone per mesi di fila, perché tutti gli alimenti consigliati potranno essere cucinati seguendo ricette light reperibili con estrema facilità consultando libri di cucina, pubblicazioni varie o il magico mondo del web.

E adesso il gran finale, tieniti forte: spezie ed aromi non alterano l'apporto nutrizionale di un alimento: potrai quindi preparare le tue pietanze impiegando in cucina tutti gli aromi preferiti, senza compromettere di alcunché la tua dieta.

Ma non solo gli aromi, anche le verdure hanno le medesime proprietà, perché al contrario di altri alimenti, come la carne o la frutta, esse apportano pochissimi carboidrati, grassi, proteine e quindi calorie e pertanto non possono far variare l'apporto degli alimenti cucinati, quando se ne aggiungono modeste quantità.

D'altronde se due chilogrammi e mezzo di lattuga da taglio apportano tante calorie quanto cento grammi di pasta integrale, quanto pensi possa incidere, sull'apporto di un cibo, qualche foglia aggiunta per renderlo più gustoso?

*bevi, bevi e ancora bevi*

Mettitelo bene in testa: bere non è solo importante, è fondamentale per far funzionare la dieta.

Ma bere poco è un errore molto comune perché si tende a dare poca importanza a questo aspetto, presupponendo che il regolatore delle funzioni fisiologiche sia unicamente la materia solida del corpo, relegando l'acqua ad un ruolo di semplice riempitivo dello spazio, perché in fin dei conti non sembra avere alcuna proprietà attiva, funzionando come collante per le cellule.

Ora, se desideri raggiungere il tuo obiettivo, è necessario bere, iniziando da subito a considerare l'acqua come parte stessa dei tuoi organi, con un ruolo essenziale in tutte le reazioni metaboliche e chimiche dipendenti da essa.

Tutto acquisirebbe una diversa prospettiva: il corpo non idratato a dovere non funzionerebbe come deve e tutte le attività fisiologiche ne risentirebbero drammaticamente; bere ed essere idratati diventerebbe fondamentale non solo per mantenere pulito l'organismo dalle scorie, ma anche per permettere l'ottimale funzionamento di tutte le funzioni vitali, tra cui il dimagrimento.

Ma quanto bere perché l'organismo funzioni al 100%?

Per poterti rispondere sarebbe necessario valutare numerosi parametri: le condizioni costituzionali, ambientali, il tipo di sport praticato e molti altri ancora; non potendo, mi limiterò a suggerire un metodo pratico: moltiplicare il proprio peso corporeo per 30 e trasformare il risultato in millilitri.

Ho condotto numerose prove a riguardo e mi sento di

confermare che, pur non avendo nulla a che fare con il metodo scientifico, l'espediente suggerito risulta un modo efficace per farsi un idea da cui partire.

Appare comunque evidente che consigliare la giusta quantità di acqua da bere è un operazione particolarmente delicata e solo un indagine accurata, che metta in relazione tutte le variabili in gioco, consentirebbe di dare un indicazione il più accurata possibile, anche se non necessariamente precisa, perché *"se fossimo in grado di fornire a ciascuno la giusta dose di nutrimento ed esercizio fisico, né in difetto, né in eccesso, avremmo trovato la strada per la salute"* (Ippocrate).

Bere si, ma, come per tutte le cose, con giudizio, perché anche l'eccesso di idratazione fa male e può portare ad effetti collaterali seri.

Non costringerti a bere litri e litri di acqua, anche se lo scienziato di turno, che hai incontrato sulla cyclette in palestra, ti ha consigliato di berne a damigiane, perché più bevi e meglio è.

Soprattutto inizia con gradualità e moderazione se fino a pochi giorni prima un bicchiere ai pasti era il tuo massimo.

Ora un indispensabile chiarimento: non esiste una acqua migliore.

La scelta dell'acqua è una scelta personale perché l' esperienza porta a scegliere la propria acqua, dissetante, digeribile, gustosa, ma non migliore di altre.

Le acque minerali si catalogano sulla base del residuo fisso, ovvero di ciò che resta dopo aver fatto evaporare un campione d'acqua a 180 °C.

Questa classificazione porta a dividere le acque minerali in quattro grandi categorie: le acque minimamente mineralizzate, con residuo fisso inferiore ai 50 mg/litro, le oligominerali, con residuo fisso compreso tra i 50 e i 500 mg/litro, le minerali, con residuo fisso compreso tra i 500 e i 1500 mg/litro e le acque ricche di minerali, che presentano un alto residuo fisso, oltre i 1500 mg/litro.

A parte le acque minimamente mineralizzate e quelle ricche di minerali con proprietà terapeutiche, il cui impiego dovrebbe essere valutato in ambito medico, la tua scelta dovrebbe ricadere su quelle oligominerali o sulle minerali.

Inizia la tua sperimentazione per qualche giorno scegliendo un' acqua oligominerale con un residuo fisso molto basso e via via varia aumentandolo; ci vorrà un po', ma il risultato sarà soddisfacente.

Trovare la propria acqua migliora la qualità della digestione e della vita in genere quindi ti consiglio di dare la giusta importanza a questo aspetto della tua dieta.

Anche per quanto riguarda la scelta tra acqua liscia o gassata, ti invito a sperimentare; considera solo che per soddisfare la richiesta del mercato esistono in commercio molte acque con un quantitativo di anidride carbonica decisamente vario, tanto da essere profondamente diverse tra loro.

Mi preme di ricordarti, però, che al di la del gusto personale, l'anidride carbonica è in grado di conferire all'acqua diverse proprietà come stimolare la secrezione gastrica e dissetare maggiormente (poiché l'anidride carbonica possiede un azione leggermente anestetizzante della mucosa orale).

Mentre fai la tua scelta, ricorda che le acque gassate sono controindicate per chi soffre di gastrite, meteorismo e acidità gastrica ed indicate invece per chi ha digestione lenta e difficile.

In qualsiasi caso, comunque, provare è il segreto per trovare la tua acqua migliore.

Per concludere, presta molta attenzione al quantitativo di sale in essa presente: un reale problema quando ne bevi dai due ai tre barili al giorno (barile = 158 litri circa).

Rifletti: la principale fonte di sodio è senza alcun dubbio data dagli alimenti, soprattutto quelli la cui preparazione e conservazione ne prevede un grosso impiego.

Un esempio per tutti? Un panino con 100 grammi di bresaola può contenere anche 500 volte il quantitativo di sodio presente in un litro di una normale acqua minerale.

L'apporto di sodio dovuto al normale consumo di acqua è quindi ridicolo rispetto a quello fornito dagli alimenti consumati nella giornata e pertanto puoi non preoccuparti di scegliere un acqua iposodica e bere l'acqua che preferisci, visto e considerato che non ne bevi a barili.

Desidero fare un'ultima precisazione: una dieta iposodica deve essere seguita in tutte le condizioni patologiche che lo richiedono; pertanto il livello di limitazione dell'apporto di sodio e di conseguenza quello dell'eventuale utilizzo di un' acqua iposodica dovrebbe essere valutato da personale medico alla luce di esami clinici specifici.

Ricordo in ultimo che il sodio, al contrario dell'uranio, è necessario al tuo organismo per importanti meccanismi fisiologici ai quali è legato e che per questo motivo la sua ingestione non porta al decesso.

## bibite? Meglio di no

Lo so che esistono bibite senza zucchero e senza calorie; ma dovrai abituarti comunque a bere acqua.

Per chiarire questa necessità è utile conoscere alcuni principi di fisiologia che regolano lo stimolo della fame e della sete.

Uno di questi è la reazione del cervello al gusto del dolce: una reazione legata all'assunzione di cibi dolci che il cervello associa al reintegro di energia programmando il fegato perché si attivi per accettare nuove energie provenienti dall'esterno.

Se è il gusto del dolce la causa, l'effetto sarà dunque quello di predisporsi a ricevere cibo, ma qualora il gusto del dolce non venga seguito dal giusto nutrimento, così come il fegato si aspetta, allora il risultato sarà un forte stimolo a mangiare.

Uno stimolo di natura encefalica duraturo, anche oltre novanta minuti dopo l'assunzione di una bibita.

In sostanza: nessuna caloria e gusto del dolce inducono ad abbuffarsi anche per molto tempo dopo aver bevuto la tua bevanda.

Oltre al problema del gusto del dolce, più tipico delle bibite a zero calorie, vi è anche quello delle calorie nascoste: nascoste per modo di dire.

A tale proposito è bene chiarire: le tabelle nutrizionali riportate sulle etichette recano la composizione del prodotto per 100 millilitri; hai idea di quanto poco sia questa quantità? Per intenderci, il classico bicchiere da cucina ne contiene il doppio e la classica lattina più del triplo. Pertanto, considerato che una lattina contiene mediamente 330 millilitri, quando ne bevi una, che vanta 45 kcal ogni 100 millilitri, stai assumendo 148 kcal: l'equivalente di circa 50 grammi di pane; tantissimo per solo un bicchiere e mezzo, non credi?

Una persistente sensazione di fame e un eccesso di calorie davvero importante possono essere bastoni tra le tue ruote; pertanto il mio consiglio non può essere differente: preferisci sempre l'acqua in qualsiasi caso e concediti una bibita light come strappo, ma mai sistematicamente.

*zucchero? Via dalla cucina*

Sostituire lo zucchero (saccarosio) con i dolcificanti sembra essere la soluzione per l'assunzione di un gran numero di alimenti, ma mentre i dolcificanti naturali, come ad esempio fruttosio e lattosio, intolleranze a parte, possono essere assunti senza particolari precauzioni se non quella della moderazione, per i dolcificanti sintetici, come ad esempio acesulfame K e sucralosio, si devono fissare limiti per quanto riguarda l'assunzione, in ragione del fatto che devono essere considerati alla stregua di un farmaco con effetti collaterali in caso di abuso.

Tutti i dolcificanti preparati in laboratorio contenuti nei cibi e nelle bevande, venduti nell'Unione Europea, vengono sottoposti a controlli e dopo essere stati approvati devono rispettare i limiti, imposti per legge, che assicurano un margine di sicurezza accettabile.

La dolcificazione di molti prodotti però è ottenuta miscelando diversi dolcificanti, forse per ragioni commerciali o forse per aggirare i limiti di legge, e quindi sarebbe necessario un controllo attento dell'etichetta, soprattutto per evitare la possibilità di reazioni allergiche verso uno dei dolcificanti che compongono la miscela, come ad esempio il lattosio.

Il mio consiglio è comunque quello di non ricorrere eccessivamente a questi prodotti, perché se da un lato la loro affidabilità e sicurezza risulta documentata, dall'altro non esistono referenze riguardo il loro impiego nel lungo periodo.

Considera i prodotti con dolcificanti come prodotti di transizione, utili ad abituarti ad eliminare il tanto zucchero che probabilmente sei abituato a gustare.

Per quanto riguarda la scelta da fare in dieta il fruttosio sembra essere il candidato su cui puntare. Più dolce dello zucchero da cucina del 30% e particolarmente efficace nel controllo dei livelli di zucchero nel sangue, rappresenta una tra le scelte migliori.

Rimangono alcune doverose precisazioni al riguardo: la prima è che il potere dolcificante superiore a quello dello zucchero da cucina, avviene solo a freddo e la seconda è che quantità superiori ai 40 grammi possono essere trasformate dal fegato in glucosio epatico oppure in trigliceridi poi immessi nel sangue con le complicanze del caso, essendo l'ipertrigliceridemia concausa di problemi cardiovascolari.

Qualsiasi sia la tua scelta è però fondamentale che tu ti sbarazzi del saccarosio, più comunemente noto come zucchero da cucina, perché tra le tante possibili scelte da fare è sicuramente tra le peggiori.

## *butta il sale. Ma dove?*

Subito un chiarimento: parlare di sale non è la stessa cosa che parlare di sodio ed è quest'ultimo a doverti interessare.

Il sodio è l'elemento che si lega con il cloro per dare come risultato il sale da cucina, cloruro di sodio, e ne rappresenta il 40%.

Il sodio, come già detto, al contrario dell'uranio se ingerito non porta alla morte e quindi non rappresenta un problema di per se stesso, ma solo quando viene assunto smodatamente.

Purtroppo però una giusta campagna mediatica condotta al fine di ridurne l'eccessivo utilizzo è stata travisata da molti che hanno pensato che se controllarne l'uso fosse salutare, toglierlo del tutto sarebbe stato ancora più benefico, e soprattutto avrebbe ridotto al massimo la ritenzione idrica, scomodo effetto collaterale dell'abuso.

Ma a parte casi clinici che necessitano un attenzione medica e che devono necessariamente non affidarsi al fai da te, se vuoi liberarti della ritenzione idrica, eliminare il sodio completamente non ti servirà a nulla, anzi potresti ottenere esattamente il contrario.

Ricorda che il tuo organismo è una macchina perfetta e reagisce con sofisticati meccanismi di difesa a tutte le forzature a cui lo sottoponi: eliminando il sale quindi, preferendo cibi che non lo contengono affatto o comunque tentando di eliminarlo del tutto, creerai uno squilibrio, al quale il tuo organismo reagirà secernendo un ormone, l'aldosterone, che causerà l'effetto contrario, cioè trattenerlo.

41

Questo accade perché il corpo ha davvero bisogno di questo elemento per funzionare a dovere e una sua carenza porta a gravi complicazioni di salute; assume infatti un ruolo fondamentale nella regolazione dei fluidi corporei, nella trasmissione dell'impulso elettrico e nella contrazione muscolare.

Ma se toglierlo da tutto, optando per cibi iposodici, acqua senza sodio e quant'altro, è una scemenza, evitarne l'eccesso è fondamentale perché si hanno sia effetti positivi sulla ritenzione sia sulla pressione sanguigna, in quanto introducendone una minor quantità, si trattiene meno acqua, diminuisce il volume del sangue circolante e si alleggerisce il lavoro del cuore.

Ed è per questo motivo che l'Institute of Medicine di Washington ha stabilito alcune linee guida riguardo le quantità da assumerne: gli adulti dovrebbero introdurne circa 2300 mg al giorno, cioè l'equivalente di un cucchiaino da tè di sale da cucina.

Anche se appare difficile stabilire la giusta quantità di sodio da apportare nella dieta, in quanto diversi sono i fattori che concorrono al suo bilancio nell'organismo, è comunque necessario dare indicativamente una traccia.

Prima, vale la pena di sottolineare che il sodio è già presente negli alimenti in quantità variabili da cibo a cibo e che l'aggiungere sale come condimento non rappresenta una necessità fisiologica, in quanto una sana alimentazione apporta quasi sempre il sodio necessario.

A tale proposito ho personalmente analizzato decine di diete per valutarne l'apporto e posso affermare che quasi la totalità ne apportava una quantità sufficiente e non necessitava di una sua integrazione.

Per arrivare al dunque ritengo tu non debba analizzare tutte le composizioni degli alimenti al fine di scegliere quelli meno ricchi di sodio, ma solo di adoperarlo con moderazione, eventualmente salando con un pizzico solo i cibi più insipidi e magari non eccedendo nella scelta di alimenti la cui preparazione ne prevede un impiego massiccio, come insaccati e formaggi.

Butta dunque il sale nell'acqua della pasta e goditi con serenità gli spaghetti come da buona tradizione italiana evitando qualsiasi dannosa estremizzazione.

Un solo ultimo consiglio: insaporisci le tue pietanze con sale iodato; un sale marino che non ha subito ancora i trattamenti del processo di raffinazione: decisamente sapido, è ricco di iodio, minerale indispensabile per la buona salute della tiroide, ghiandola responsabile della attività metabolica.

# *caffè e tè? Ok, via libera*

Caffè e tè, assunti con moderazione sono alimenti *accessori* liquidi, sicuri e ricchi di proprietà antiossidanti, ottimi coadiuvanti in un programma di dimagrimento, oltre che utili a stimolare la vigilanza e fornire un valido aiuto nei momenti di calo energetico.

Quando parlo però di caffè o tè mi riferisco non tanto alle bevande, ma al principio attivo che le caratterizza: la caffeina, una sostanza presente anche in altri alimenti, come il cioccolato, che come altre, stimola le funzioni cerebrali, la frequenza cardiaca, favorisce la reattività muscolare ed attenua la sensazione di appetito.

Nel considerare ora serenamente quelli che sono gli effetti della caffeina occorre, per prima cosa, sapere che la letteratura medica più recente ha sconfessato e in modo documentato alcune convinzioni in merito all'uso e all'abuso della caffeina, ritenuta responsabile di patologie cardiovascolari, di alcuni tipo di cancro, di gravidanze a rischio, del perenne ritardo dei treni (almeno in Italia) e dei capelli crespi.

Scherzi a parte, nonostante l'indulgenza plenaria ottenuta, come per qualsiasi altro alimento, ti invito alla moderazione, perché se da un lato si devono ormai ritenere fugati molti dei dubbi sui possibili effetti indesiderati della caffeina quando assunta con moderazione, dall'altro il suo abuso non può che ritenersi dannoso, perché diversi sono gli effetti collaterali ad essa legati: nervosismo, insonnia, tachicardia e difficoltà digestive legate all'aumento degli acidi gastrici.

Pertanto ti consiglio di non superare le tre, quattro tazzine di espresso al giorno o tazze di tè e di moderarne ulteriormente la quantità, qualora avvertissi di essere sensibile.

Concludo con una curiosità che potresti sempre sfoderare al bar per fare un po' di scena: le foglie del tè hanno una concentrazione doppia di caffeina rispetto a quelle dei semi di caffè ed il fatto che la bevanda ne contenga meno dipende esclusivamente dal metodo di preparazione.

## alcool? Un freno alla dieta

L'alcool, o meglio etanolo, si comporta come un macronutriente e come tale fornisce calorie proprio come proteine, grassi e carboidrati.

Purtroppo per te, oltre a comportarsi come un nutriente è anche tossico, perciò non può essere immagazzinato e ha la precedenza sul metabolismo degli altri nutrienti. Questo rappresenta un vero problema, perché se l'organismo sfrutta le calorie derivanti dal suo metabolismo, allora tenderà a immagazzinare, sotto forma di grasso, quelle provenienti dagli altri alimenti quando in eccesso.

Quindi il primo problema legato al consumo di alcool è quello di fornire calorie utilizzabili dall'organismo a scopo energetico ma che si sommano con grande facilità a quelle introdotte con gli altri cibi.

Facile intuire come questo meccanismo possa creare improduttivi eccessi di calorie, soprattutto se si considerano le 7,1 kcal per grammo che l'etanolo apporta: quasi il doppio di carboidrati e proteine e poco di meno dei grassi che per grammo ne apportano 9.

Per darti un idea considera che mezzo bicchiere di whisky apporta tante calorie quanto circa due ettogrammi di pollo o se preferisci quasi quanto mezzo chilogrammo di yogurt scremato.

L'alcool purtroppo non si limita a comportarsi come un macronutriente, ma possiede un azione negativa sulla produzione e la sintesi di diversi ormoni che nel loro complesso concorrono al raggiungimento della forma fisica ottimale.

Assumere alcool infatti inibisce non solo il rilascio dell'ormone della crescita, ma anche la sintesi e rilascio del testosterone.

Come se non bastasse l'assunzione di etanolo sembra interferire con il metabolismo delle proteine, direttamente attraverso meccanismi non ancora chiari, legati alla sovrapproduzione di radicali liberi, ed indirettamente variando, come detto, l'assetto ormonale.

In sostanza l'alcool ti aiuterà ad ingrassare, a perdere massa magra e aumentare i livelli di trigliceridi nel sangue e nel fegato (fegato "grasso").

Va comunque chiarito che quando si parla di effetti negativi dell'etanolo, si fa riferimento agli effetti di un uso sistematico e non di un bicchiere di vino rosso ogni tanto.

Ed ancora una volta la parola d'ordine è la stessa: moderazione. Se un drink può aiutare lo spirito e facilitare le relazioni sociali, un consumo eccessivo può vanificare tutte le tue fatiche.

*è ora di iniziare*

Milone di Crotone fu, nel VI secolo a.c., il più celebre lotta-
tore greco, probabilmente il più celebre in assoluto.

La sua celebrità, oltre che dalle sue numerose vittorie,
nasceva dalla sua proverbiale forza: si narra infatti che Milone, per allenamento, portasse un vitello sulle spalle ogni
giorno e che continuò a farlo fino al punto di sollevare un
toro.

Ti invito a fare lo stesso.

No, non ad alzare un toro sulle spalle, ma a procedere
a piccoli passi per migliorare lentamente, seguendo i principi *Kaizen* (改善), metodologia giapponese che esalta il
successo come un processo di continuo miglioramento
costruito dal basso, passo dopo passo.

Non iniziare quindi a seguire religiosamente le indicazioni proposte pesando e misurando anche l'aria che re-
spiri, perché non durerai molto; non sei abituato, né fisica-
mente né mentalmente e seguire una dieta è anche una
questione di allenamento.

Dopo tutto, se volessi partecipare ad una maratona,
non credo inizieresti ad allenarti facendo 42 km?

Allora non farlo con il tuo nuovo programma alimentare: inizia leggendo le indicazioni proposte con attenzione, studiando bene dove sono le difficoltà maggiori e
dove invece reputi di non averne affatto ed inizia da lì.

Segui le indicazioni senza costringerti da subito al vincolo del peso, perché inizialmente la sfida è quella di ar-
monizzare i cibi proposti con le tue abitudini alimentari.

Così, passo dopo passo, migliora ogni giorno ottimizzando ogni pasto e solo alla fine le quantità.

È giunto il momento di un cambio radicale di mentalità: la dieta non deve essere considerata una forzatura a tempo, ma uno stile di vita che deve adattarsi alle tue abitudini.

La nuova prospettiva è dunque quella di considerare il tuo programma alimentare uno strumento al tuo servizio che si deve piegare alle tue necessità e non viceversa.

Questa necessità di procedere con moderazione e lentamente diventa ancor più indispensabile se, oltre al vincolo calorico, la dieta prevede rilevanti manipolazioni della distribuzione dei macronutrienti (carboidrati, grassi e proteine) come ad esempio la dieta a zona del dr. Sears o la dieta metabolica del dr. Di Pasquale: questi programmi modificano non solo le abitudini quotidiane, ma il metabolismo stesso, apportando una diversa distribuzione dei nutrienti, alla quale non hai ancora fatto l'abitudine.

Non avere fretta, dunque, procedi con moderazione, passo dopo passo, sposando la filosofia della tua dieta con gradualità e buon senso, qualsiasi essa sia.

Funzionerà.

Una postilla per gli addetti ai lavori: *"non hai veramente capito qualcosa finché non sei in grado di spiegarlo a tua nonna"* (Albert Einstein).